Die Erfindung
der Mafia

Schutz, Geld und Einfluss

Eine Betrachtung

von

Lutz Spilker

DIE ERFINDUNG DER MAFIA – SCHUTZ, GELD UND EINFLUSS

Bibliografische Information der Deutschen Nationalbibliothek:
Die Deutsche Nationalbibliothek verzeichnet diese Publikation in der Deutschen Nationalbiblio-
grafie; detaillierte bibliografische Daten sind im Internet über http://dnb.dnb.de abrufbar.

Softcover ISBN: 978-3-384-20309-0
Ebook ISBN: 978-3-384-20310-6

Druck und Distribution im Auftrag des Autors:
tredition GmbH, An der Strusbek 10, 22926 Ahrensburg, Germany

Die im Buch verwendeten Grafiken entsprechen den
Nutzungsbestimmungen der Creative-Commons-Lizenzen (CC).

Inhalt

Ich lernte eine ganze Reihe Mafiosi kennen, und alle erzählten mir, sie liebten den Film, weil ich den Paten mit Würde spielte. Bis heute lassen sie mich in ›Little Italy‹ keine Rechnung zahlen.

Marlon Brando

Marlon Brando, Jr. (* 3. April 1924 in Omaha, Nebraska; † 1. Juli 2004 in Los Angeles, Kalifornien) war ein amerikanischer Schauspieler.

Vorwort

In der tiefen Verstrickung menschlicher Geschichte und sozialer Gefüge gibt es Kapitel, die im Schatten des alltäglichen Lebens verborgen bleiben, doch einen bedeutenden Einfluss auf die Entwicklung unserer Gesellschaft ausüben. Dieses Buch, mit dem Titel ›Die Erfindung der Mafia‹, widmet sich einem solchen Kapitel – einem Netzwerk, das im Laufe der Zeit eine faszinierende, wenn auch düstere, Rolle gespielt hat.

Die Geschichte der Mafia ist mehr als nur eine Abfolge von kriminellen Handlungen und machiavellistischen* Machenschaften. Sie ist eine Chronik, die tief in die gesellschaftlichen Strukturen eindringt und eine Spiegelung menschlicher Natur und ihrer Wechselwirkung mit den umgebenden Institutionen darstellt.

> * = Machiavellismus ist eine im 16. Jahrhundert aufgekommene Bezeichnung für eine Niccolò Machiavelli (1469 – 1527) zugesprochene politische Theorie, nach der zur Erlangung oder Erhaltung politischer Macht jedes Mittel unabhängig von Recht und Moral erlaubt ist.

Um die Wurzeln der Mafia zu verstehen, müssen wir einen Blick auf die gesellschaftlichen Bedingungen werfen, die solch ein Milieu überhaupt ermöglichten. Die Entstehung und Entwicklung dieser Organisation sind eng mit den sozialen, politischen und wirtschaftlichen Umständen verbunden, die in vielen Ländern vorherrschten. Diese Faktoren schufen einen Nährboden, auf dem die Mafia gedeihen konnte – eine Schattenstruktur, die ihre Wurzeln tief in den Rissen der Gesellschaft verankerte.

Die Erfindung der Mafia ist nicht nur eine Darstellung von Verbrechen und Kriminalität. Es ist eine Auseinandersetzung mit den gesellschaftlichen Mechanismen, die solche Phänomene ermöglichen. In einer Welt, in der Macht, Geld und Einfluss eine zentrale Rolle spielen, entstehen oft Parallelwelten, die im Dunkeln agieren und sich den herkömmlichen Normen entziehen.

Dieses Buch ist somit eine Reise durch die Geschichte, die den Leser dazu anregt, über die offensichtlichen Erscheinungen hinauszublicken und die tieferen Zusammenhänge zu erkennen. Es soll keine Sensationslust bedienen, sondern ein Verständnis für die komplexen Wechselwirkungen zwischen der Mafia und den Gesellschaften, in denen sie entstand, vermitteln.

Möge diese Reise durch die ›Erfindung der Mafia‹ nicht nur Einblicke in die düsteren Aspekte menschlichen Handelns bieten, sondern auch dazu anregen, über die Strukturen nachzudenken, die solche Phänomene begünstigen.

Die Wurzeln der Mafia: Ein Blick in die Vergangenheit

Die Geschichte der Mafia ist eng mit den gesellschaftlichen, wirtschaftlichen und politischen Entwicklungen des südlichen Italiens im 19. Jahrhundert verwoben. Um die Entstehung dieser einflussreichen kriminellen Organisation zu verstehen, müssen wir einen Blick auf die Ursprünge werfen, die weit zurückreichen und tief in die Strukturen der Gesellschaft eingebettet sind.

Eine Region im Wandel

Das südliche Italien, insbesondere Regionen wie Sizilien, war zu Beginn des 19. Jahrhunderts von Armut, sozialer Ungerechtigkeit und politischer Instabilität geprägt. Die Bevölkerung lebte unter schwierigen Bedingungen, geprägt von einer schwachen staatlichen Autorität und einer starken Präsenz lokaler Oligarchien und feudaler Herrscher.

Die Macht der Großgrundbesitzer

Großgrundbesitzer, die oft als ›Padroni‹ bekannt waren, übten eine enorme Kontrolle über das wirtschaftliche und soziale Leben der Region aus. Sie besaßen große Ländereien und hatten eine beträchtliche Macht über die lokale Bevölkerung, einschließlich der Bauern und Landarbeiter, die von ihren Ländereien abhängig waren.

Die Rolle der Fremdherrschaft

Die Geschichte des südlichen Italiens war auch von Fremdherrschaft geprägt, angefangen von der Herrschaft der Bourbonen bis hin zur Einigung Italiens im 19. Jahrhundert. Diese Perioden der Fremdherrschaft trugen dazu bei, die Schwäche des Staates zu verstärken und den Einfluss lokaler Eliten und Oligarchien zu festigen.

Entstehung von Schutzgelderpressung und Patronage-Netzwerken

In dieser Umgebung entstanden Formen der sozialen Organisation, die später zur Bildung der Mafia beitrugen. Eine dieser Formen war die Schutzgelderpressung, bei der lokale Banden Schutz vor kriminellen Aktivitäten anboten, im Austausch für Zahlungen von lokalen Geschäftsleuten und Bauern.

Frühformen der Mafia-Organisation

Die Mafia entwickelte sich aus diesen lokalen Banden und Schutzgelderpressungsnetzwerken heraus. Sie begann, eine organisierte Struktur anzunehmen, die auf einem Kodex der Stille, der Loyalität und der Gewalt beruhte. Diese frühen Formen der Mafia legten den Grundstein für die Entwicklung der Organisation in den kommenden Jahren.

Zusammenfassung

Die Entstehung der Mafia war das Ergebnis einer komplexen Mischung aus sozialen, wirtschaftlichen und politischen Faktoren, die das südliche Italien im 19. Jahrhundert prägten. Ihre Ursprünge reichen tief in die Vergangenheit zurück und sind eng mit den Strukturen und Dynamiken der Gesellschaft verbunden. Um die Mafia zu verstehen, müssen wir die Geschichte ihrer Entstehung und ihrer Wurzeln verstehen, die bis in die tiefsten Schichten der italienischen Gesellschaft reichen.

Der Wandel im frühen 19. Jahrhundert: Einflüsse auf die Entstehung der Mafia

Die Entstehung der Mafia war eng mit den gesellschaftlichen Veränderungen und Entwicklungen im südlichen Italien im frühen 19. Jahrhundert verbunden. Um die Ursprünge dieser kriminellen Organisation zu verstehen, ist es wichtig, einen Blick auf die historischen Hintergründe zu werfen, die dazu führten, dass sich die Mafia entwickelte.

Wirtschaftliche Herausforderungen und soziale Ungerechtigkeit

Das südliche Italien war zu Beginn des 19. Jahrhunderts von wirtschaftlichen Schwierigkeiten und sozialer Ungerechtigkeit geprägt. Die Landwirtschaft war der wichtigste Wirtschaftszweig, aber die Bauern lebten oft in Armut und waren von den Großgrundbesitzern abhängig. Diese soziale Ungleichheit und wirtschaftliche Instabilität schufen einen Nährboden für Unzufriedenheit und Konflikte in der Region.

Schwache staatliche Autorität und politische Instabilität

Die staatliche Autorität im südlichen Italien war schwach und oft unzuverlässig. Die Region wurde von verschiedenen Mächten beherrscht, darunter die Bourbonen und später das Königreich Italien nach der Einigung im Jahr 1861. Die politische Instabilität und die häufige Wechsel der Herrschaft trugen dazu bei, dass die staatlichen Institutionen ineffektiv waren und die Rechtsdurchsetzung mangelhaft war.

Einfluss der lokalen Eliten und Oligarchien

Lokale Eliten und Oligarchien, hatten eine starke Kontrolle über das wirtschaftliche und soziale Leben im südlichen Italien. Sie besaßen große Ländereien und hatten enge Beziehungen zu den herrschenden Mächten. Diese Eliten übten oft eine korrupte und autoritäre Herrschaft aus und unterdrückten die lokale Bevölkerung.

Migration und Bevölkerungsbewegungen

Eine weitere wichtige Entwicklung war die Migration von Menschen aus dem südlichen Italien in die Vereinigten Staaten und andere Teile der Welt. Diese Migration wurde durch wirtschaftliche Not, politische Instabilität und den Wunsch nach einem besseren Leben angetrieben. Die Auswanderung führte zu einer Veränderung der sozialen und wirtschaftlichen Strukturen im südlichen Italien und trug zur Entstehung der Mafia bei.

Aufkommen von Schutzgelderpressung und organisiertem Verbrechen

In diesem Umfeld entstanden Formen des organisierten Verbrechens, darunter die Schutzgelderpressung und andere kriminelle Aktivitäten. Lokale Banden begannen, Schutz vor kriminellen Aktivitäten anzubieten, im Austausch für Zahlungen von lokalen Geschäftsleuten und Bauern. Diese Banden entwickelten sich im Laufe der Zeit zu organisierten kriminellen Organisationen, die als Vorläufer der Mafia fungierten.

Zusammenfassung

Die gesellschaftlichen Entwicklungen im frühen 19. Jahrhundert legten den Grundstein für die Entstehung der Mafia im südlichen Italien. Wirtschaftliche Herausforderungen, soziale Ungerechtigkeit, schwache staatliche Autorität und politische Instabilität schufen ein Umfeld, in dem das organisierte Verbrechen gedeihen konnte. Diese historischen Hintergründe sind entscheidend für das Verständnis der Ursprünge und der Entwicklung der Mafia im Laufe der Zeit.

Die Ausbreitung in die Vereinigten Staaten: Ein neues Kapitel für die Mafia

Die Auswanderungswelle aus dem südlichen Italien in die Vereinigten Staaten im späten 19. und frühen 20. Jahrhundert spielte eine entscheidende Rolle bei der Ausbreitung der Mafia über den Atlantik. Diese Massenmigration war das Ergebnis verschiedener Faktoren, darunter wirtschaftliche Not, politische Instabilität und der Traum von einem besseren Leben in Amerika.

Die Ankunft der Einwanderer in den USA

Die Einwanderer aus dem südlichen Italien landeten oft in den überfüllten und chaotischen Einwanderungshäfen der Vereinigten Staaten, darunter Ellis Island in New York. Viele von ihnen waren arm und hatten wenig Bildung, aber sie brachten einen starken Arbeitsethos und den Willen mit, hart zu arbeiten, um sich ein besseres Leben aufzubauen.

Die Gründung von Little Italys

Die Einwanderer aus Italien siedelten sich oft in Stadtvierteln an, die als ›Little Italys‹ bekannt waren. Hier schufen sie Gemeinschaften, in denen sie ihre Sprache, Kultur und Traditionen bewahren konnten. Diese Viertel waren oft eng verbunden mit der Mafia und dienten als wichtige Stützpunkte für ihre Aktivitäten.

Die Etablierung der Mafia in den USA

Die Mafia nutzte die Gelegenheit der Einwanderung, um ihre Präsenz in den Vereinigten Staaten zu verstärken. Sie rekrutierte oft junge Männer aus den Little Italys, die bereit waren, sich an illegalen Aktivitäten zu beteiligen. Die Mafia organisierte sich in Familien oder ›Cosa Nostra‹ genannten Gruppen, die ihre Aktivitäten koordinierten und kontrollierten.

Die Ausbreitung von kriminellen Aktivitäten

Die Mafia in den Vereinigten Staaten engagierte sich in verschiedenen kriminellen Aktivitäten, darunter Schutzgelderpressung, Glücksspiel, Drogenhandel und Prostitution. Sie nutzten ihre Verbindungen zu lokalen Politikern und Beamten aus, um ihre illegalen Geschäfte zu schützen und zu fördern.

Die Mafia in der amerikanischen Populärkultur

Die Präsenz der Mafia in den Vereinigten Staaten faszinierte und erschreckte die Amerikaner gleichermaßen. Die Mafia wurde zu einem festen Bestandteil der amerikanischen Populärkultur, dargestellt in Filmen, Büchern und Fernsehsendungen. Figuren wie Al Capone und Lucky Luciano wurden zu Symbolen der Macht und des Glamours der Mafia.

Zusammenfassung

Die Ausbreitung der Mafia in die Vereinigten Staaten war ein entscheidender Schritt in ihrer Entwicklung zu einer internationalen kriminellen Organisation. Die Einwanderungswelle aus dem südlichen Italien bot der Mafia neue Möglichkeiten für Wachstum und Expansion, und die Little Italys dienten als wichtige Stützpunkte für ihre Aktivitäten. Die Mafia in den USA wurde zu einem bedeutenden Akteur in der amerikanischen Kriminalgeschichte und prägte die amerikanische Populärkultur nachhaltig.

Die Geburt des organisierten Verbrechens in Sizilien

Das frühe organisierte Verbrechen in Sizilien ist tief in der Geschichte der Insel verwurzelt und hat seine Wurzeln in den Strukturen und Einflüssen der damaligen Zeit. Um die Anfänge dieser kriminellen Organisation zu verstehen, müssen wir einen Blick auf die sozialen, wirtschaftlichen und politischen Bedingungen werfen, die zu ihrer Entstehung führten.

Die feudale Gesellschaft Siziliens

Sizilien war lange Zeit von einer feudalen Gesellschaftsstruktur geprägt, in der Großgrundbesitzer eine enorme Macht und Kontrolle über das Land und die Bevölkerung hatten. Diese feudalen Herrscher, oft als ›Mafiosi‹ bezeichnet, übten eine autoritäre Herrschaft aus und dominierten das wirtschaftliche und soziale Leben der Insel.

Der Einfluss der Fremdherrschaft

Die Geschichte Siziliens wurde auch von Fremdherrschaft geprägt, angefangen von den griechischen Kolonisten bis hin zu den Normannen, Spaniern und Bourbonen. Diese fremden Herrscher hinterließen oft ein Erbe von Korruption, Misswirtschaft und politischer Instabilität, das das soziale Gefüge der Insel weiter schwächte.

Die Ausbreitung des Banditentums

Das Banditentum war ein weiteres Phänomen, das das soziale Leben in Sizilien prägte. Banden von Räubern und Straßenräubern durchstreiften die Landschaft und verbreiteten Angst und Schrecken unter der Bevölkerung. Diese Banditen profitierten oft von der Unterstützung lokaler Eliten und nutzten die Schwäche des Staates aus, um ihre Aktivitäten zu fördern.

Die Entstehung von Schutzgelderpressung und Patronage-Netzwerken

In diesem Umfeld entstanden Formen der Schutzgelderpressung und Patronage, bei denen lokale Banden Schutz vor kriminellen Aktivitäten anboten, im Austausch für Zahlungen von lokalen Geschäftsleuten und Bauern. Diese Banden entwickelten sich im Laufe der Zeit zu organisierten kriminellen Gruppen, die als Vorläufer der Mafia fungierten.

Die Rolle der Kirche und lokaler Eliten

Die Kirche und lokale Eliten spielten eine ambivalente Rolle bei der Entstehung des organisierten Verbrechens in Sizilien. Einerseits verurteilte die Kirche das Verbrechen und die Gewalt, andererseits kooperierten einige Geistliche und Eliten mit den Banden und profitierten von ihren Aktivitäten.

Zusammenfassung

Die frühen Strukturen und Einflüsse des organisierten Verbrechens in Sizilien waren das Ergebnis einer komplexen Mischung aus historischen, sozialen und wirtschaftlichen Faktoren. Die feudale Gesellschaftsstruktur, die Fremdherrschaft,
das Banditentum und die Schwäche des Staates trugen alle dazu
bei, dass sich das organisierte Verbrechen in Sizilien entwickeln
und festigen konnte. Diese frühen Entwicklungen legten den
Grundstein für die Entstehung der Mafia und ihrer späteren
Expansion über Sizilien hinaus.

Die Ära der Prohibition: Die Blütezeit der Mafia in den Vereinigten Staaten

Die Zeit der Prohibition in den Vereinigten Staaten, von 1920 bis 1933, markiert eine der dunkelsten Epochen in der amerikanischen Geschichte und gleichzeitig eine Zeit des ungebremsten Wachstums für die Mafia. Während der Alkoholverbotszeit florierte das organisierte Verbrechen wie nie zuvor, und die Mafia nutzte diese Gelegenheit, um ihre Macht und ihren Einfluss zu festigen.

Der Beginn der Prohibition

Die Prohibition wurde eingeführt, um den Konsum von Alkohol zu reduzieren und die moralische Ordnung wiederherzustellen. Doch anstatt das Trinken zu stoppen, führte das Verbot lediglich zu einer illegalen Alkoholproduktion, -verteilung und -konsumption, die von der Mafia kontrolliert wurde.

Die Entstehung des illegalen Alkoholhandels

Die Mafia sah in der Prohibition eine einzigartige Gelegenheit, enorme Gewinne zu erzielen, und begann, illegalen Alkohol herzustellen, zu schmuggeln und zu verkaufen. Unter der Führung berüchtigter Gangster wie Al Capone kontrollierte die Mafia bald den gesamten illegalen Alkoholhandel in den Vereinigten Staaten.

Gewalt und Korruption

Die Prohibition brachte eine Welle von Gewalt und Korruption mit sich, da die Mafia gegen rivalisierende Banden kämpfte und sich mit der Polizei und lokalen Politikern anlegte. Morde, Überfälle und Entführungen waren an der Tagesordnung, während Bestechung und Erpressung die normale Geschäftspraxis der Mafia wurden.

Die Blütezeit der Gangster

Für Gangster wie Al Capone* war die Prohibition eine goldene Ära des Reichtums und der Macht. Capone wurde zum König von Chicago und beherrschte die Stadt mit eiserner Faust, während er gleichzeitig ein glamouröses Image in den Medien kultivierte.

Das Ende der Prohibition

Die Prohibition endete schließlich im Jahr 1933, als die Regierung erkannte, dass das Verbot von Alkohol mehr Probleme verursachte als löste. Die Aufhebung der Prohibition bedeutete das Ende der Blütezeit der Mafia, aber sie hinterließ einen dauerhaften Einfluss auf die amerikanische Kriminalitätsgeschichte.

Zusammenfassung

Die Prohibition war eine Zeit der Herausforderungen und Chancen für die Mafia in den Vereinigten Staaten. Während sie den illegalen Alkoholhandel kontrollierte und enorme Gewinne erzielte, brachte die Prohibition auch eine Ära der Gewalt und Korruption mit sich, die das Land für Jahre prägen sollte. Die Mafia während der Alkoholverbotszeit bleibt ein dunkles Kapitel in der amerikanischen Geschichte und ein faszinierendes Beispiel für die Auswirkungen von gesetzlichen Verboten auf die Kriminalität.

* = Alphonse Gabriel ›Al‹ Capone | 1899 - 1947

Al Capone: Das Leben eines berüchtigten Mafiosos

Alphonse Gabriel ›Al‹ Capone, oft als ›Scarface‹ bekannt, war einer der bekanntesten und berüchtigtsten Mafiosos der amerikanischen Geschichte. Sein Leben war geprägt von Gewalt, Macht und einem glamourösen Image, das ihn zu einer Legende machte.

Die frühen Jahre

Al Capone wurde am 17. Januar 1899 in Brooklyn, New York, geboren. Er wuchs in einer armen Familie italienischer Einwanderer auf und erlebte schon früh die Härten des Lebens in den von Armut geprägten Stadtvierteln. Schon in jungen Jahren geriet er in Konflikt mit dem Gesetz und begann eine Karriere als Kleinkrimineller.

Der Aufstieg zum Mafiaboss

Capones Aufstieg in die Welt des organisierten Verbrechens begann in den 1920er Jahren während der Prohibition. Er nutzte die Gelegenheit, den illegalen Alkoholhandel zu kontrollieren und baute ein riesiges kriminelles Imperium auf. Capone wurde zum mächtigsten Gangster Chicagos und herrschte mit eiserner Faust über die Unterwelt der Stadt.

Die Herrschaft in Chicago

Unter Capones Führung wurde Chicago zum Zentrum des organisierten Verbrechens in den Vereinigten Staaten. Er kontrollierte nicht nur den Alkoholschmuggel, sondern auch Glücksspiel, Prostitution und Schutzgelderpressung. Capone war bekannt für seine Brutalität und seine Fähigkeit, politische und polizeiliche Korruption zu nutzen, um seine Macht zu festigen.

Der öffentliche Feind Nr. 1

Capone erlangte schnell landesweite Berühmtheit und wurde zum öffentlichen Feind Nr. 1 erklärt. Die Medien verfolgten seine Taten mit großer Aufmerksamkeit, und sein glamouröses Image als Gangsterboss machte ihn zu einer Legende. Trotz seiner Verbrechen genoss Capone in der Öffentlichkeit eine gewisse Popularität und wurde oft bewundert für seinen Reichtum und seine Macht.

Das Ende einer Ära

Die Herrschaft von Al Capone endete abrupt im Jahr 1931, als er wegen Steuerhinterziehung verhaftet und zu einer langen Gefängnisstrafe verurteilt wurde. Obwohl er später aus dem Gefängnis entlassen wurde, war seine Macht gebrochen, und er zog sich aus dem öffentlichen Leben zurück. Capone starb 1947 an den Folgen einer Syphilis-Erkrankung.

Das Erbe von Al Capone

Trotz seines tragischen Endes bleibt Al Capone eine Ikone des organisierten Verbrechens und eine faszinierende Figur in der amerikanischen Geschichte. Sein Leben und seine Taten haben das Bild des Gangsters in der Populärkultur geprägt und seine Legende lebt bis heute weiter.

Die Goldene Ära: Aufstieg der Mafia in den 1930er und 1940er Jahren

Die 1930er und 1940er Jahre markierten eine Zeit des ungebremsten Aufstiegs für die Mafia in den Vereinigten Staaten. Während des Höhepunkts der Prohibition hatte die Mafia bereits eine starke Präsenz in Amerika etabliert, und in den folgenden Jahren festigte sie ihre Macht und erweiterte ihre Geschäfte auf verschiedene Bereiche.

Einfluss in Politik und Wirtschaft

Während der Goldenen Ära der Mafia gelang es der Organisation, ihren Einfluss auf die Politik und Wirtschaft der Vereinigten Staaten weiter auszubauen. Die Mafia knüpfte enge Beziehungen zu politischen Führern und lokalen Behörden, und korrupte Politiker und Beamte waren oft bereit, mit der Mafia zusammenzuarbeiten, um ihre eigenen Interessen zu fördern.

Kontrolle über Glücksspiel und Unterhaltungsindustrie

Die Mafia kontrollierte zunehmend das Glücksspiel und die Unterhaltungsindustrie in Städten wie Las Vegas und Atlantic City. Sie investierte in Casinos, Nachtclubs und Hotels und nutzte diese Geschäfte, um enorme Gewinne zu erzielen und ihre Macht weiter zu festigen. Die Mafia beherrschte die Unterwelt der amerikanischen Glücksspielmetropolen und dominierte den Markt.

Expansion in neue Geschäftsfelder

Während der 1930er und 1940er Jahre erweiterte die Mafia ihre Geschäfte auf neue Bereiche wie Drogenhandel, Prostitution und illegale Lotterien. Sie nutzte ihre Verbindungen zu internationalen Drogenkartellen und kontrollierte den illegalen Drogenmarkt in den Vereinigten Staaten. Die Mafia war auch in anderen illegalen Aktivitäten wie Geldwäsche und Schmuggel involviert.

Konflikte mit rivalisierenden Banden

Die Goldene Ära der Mafia war jedoch auch eine Zeit der Konflikte und Kriege zwischen rivalisierenden Banden. Territorialkämpfe und Machtkämpfe führten zu gewalttätigen Auseinandersetzungen, Morde und Entführungen waren an der Tagesordnung. Die Mafia kämpfte um die Vorherrschaft in den amerikanischen Unterwelt und verteidigte ihre Interessen mit aller Härte.

Das Ende der Goldenen Ära

Die Goldenen Ära der Mafia endete abrupt in den 1950er Jahren, als die Regierung begann, energisch gegen das organisierte Verbrechen vorzugehen. Große Polizeiaktionen und Prozesse führten zur Verhaftung und Verurteilung vieler hochrangiger Mafiabosse. Die Mafia verlor an Macht und Einfluss,

und ihre Geschäfte wurden zunehmend durch staatliche Ermittlungen gestört.

Zusammenfassung

Die Goldenen Ära der Mafia war eine Zeit des ungebremsten
Aufstiegs und der Dominanz für die amerikanische Unterwelt.
Die Mafia kontrollierte weite Teile der amerikanischen Wirtschaft und Politik und genoss eine beispiellose Macht und Einfluss. Doch diese Ära endete abrupt, als die Regierung begann,
energisch gegen das organisierte Verbrechen vorzugehen, und
die Mafia ihre Vormachtstellung verlor.

Krieg gegen den Staat: Die Mafia-Aktivitäten während des Zweiten Weltkriegs

Während des Zweiten Weltkriegs spielte die Mafia eine ambivalente Rolle in den Vereinigten Staaten. Obwohl sie offiziell gegen den Krieg war und viele ihrer Mitglieder in illegalen Aktivitäten verwickelt waren, beteiligte sich die Mafia auch an Bemühungen zur Unterstützung des Kriegsanstrengungen der Alliierten.

Schwarzmärkte und Rationierung

Während des Krieges führten Rationierung und Knappheit zu einem blühenden Schwarzmarkt, auf dem Lebensmittel, Benzin und andere knappe Güter gehandelt wurden. Die Mafia war in diesen illegalen Märkten stark involviert und profitierte von der hohen Nachfrage nach begehrten Waren.

Sabotage und Spionage

Einige Mitglieder der Mafia wurden verdächtigt, in Sabotage und Spionageaktivitäten verwickelt zu sein, um den Kriegsanstrengungen der Alliierten zu schaden. Es gibt Berichte über Mafia-Banden, die mit feindlichen Agenten zusammenarbeiteten, um Informationen zu sammeln oder militärische Einrichtungen zu sabotieren.

Die Rolle der Gewerkschaften

Die Mafia hatte eine starke Präsenz in den Gewerkschaften vieler Schlüsselindustrien, darunter Transport, Bauwesen und Hafenarbeit. Während des Krieges nutzte die Mafia diese Verbindungen, um die Produktion und den Transport von Kriegsgütern zu kontrollieren und zu manipulieren.

Illegale Glücksspiel- und Unterhaltungsindustrie

Die Mafia kontrollierte weiterhin das Glücksspiel und die Unterhaltungsindustrie in den Vereinigten Staaten, und während des Krieges florierten illegale Casinos, Nachtclubs und Bordelle. Diese Einrichtungen waren oft beliebte Treffpunkte für Soldaten und Arbeiter, die eine Ablenkung von den Strapazen des Krieges suchten.

Die Zusammenarbeit mit den Behörden

Trotz ihrer illegalen Aktivitäten arbeitete die Mafia in einigen Fällen auch mit den Behörden zusammen, um die Kriegsanstrengungen zu unterstützen. Es gab Berichte über Mafia-Bosse, die Informationen über feindliche Agenten an die Regierung weitergaben oder mit Geheimdiensten kooperierten.

Zusammenfassung

Die Rolle der Mafia während des Zweiten Weltkriegs war geprägt von Ambivalenz und Opportunismus. Während sie offiziell gegen den Krieg war und viele ihrer Mitglieder in kriminelle Aktivitäten verwickelt waren, beteiligte sich die Mafia auch an Bemühungen zur Unterstützung der Kriegsanstrengungen der Alliierten. Ihre Aktivitäten während des Krieges unterstreichen die komplexe und widersprüchliche Natur dieser kriminellen Organisation.

Der Einfluss der Mafia auf Politik und Wirtschaft

Die Mafia hat seit ihrer Entstehung einen erheblichen Einfluss auf Politik und Wirtschaft ausgeübt. Durch Korruption, Erpressung und Gewalt hat sie es geschafft, ihr Netzwerk in verschiedenen Bereichen der Gesellschaft zu etablieren und ihre Interessen zu fördern.

Infiltration der Politik

Die Mafia hat systematisch politische Institutionen infiltriert, indem sie Politiker bestochen, erpresst und bedroht hat. Auf lokaler, regionaler und sogar nationaler Ebene haben Mafiabosse und ihre Handlanger politische Entscheidungen beeinflusst und Gesetze zu ihren Gunsten geändert.

Einfluss auf die Wahlpolitik

Die Mafia hat auch versucht, die Wahlpolitik zu beeinflussen, indem sie Kandidaten unterstützt hat, die bereit waren, ihre Interessen zu fördern. Durch Geldspenden, Wahlmanipulation und Einschüchterung hat die Mafia versucht, politische Figuren in Positionen zu bringen, die für sie vorteilhaft waren.

Kontrolle über Wirtschaftsbereiche

In vielen Städten und Regionen kontrollierte die Mafia wichtige Wirtschaftsbereiche wie Glücksspiel, Bauwesen, Transport und Müllentsorgung. Durch Erpressung und Gewalt zwang sie Unternehmen dazu, Schutzgelder zu zahlen oder sich an illegalen Aktivitäten zu beteiligen, um auf dem Markt zu überleben.

Monopolisierung von Märkten

Die Mafia strebte oft danach, Monopole über bestimmte Märkte zu errichten, indem sie Konkurrenten ausschaltete oder ermordete. Dadurch konnte sie die Preise kontrollieren, den Wettbewerb unterdrücken und enorme Gewinne erzielen, während sie gleichzeitig ihre Macht und ihren Einfluss festigte.

Einfluss auf staatliche Institutionen

Die Mafia versuchte auch, staatliche Institutionen wie die Polizei, die Justiz und die Verwaltung zu infiltrieren, indem sie Beamte bestach oder bedrohte. Dadurch konnte sie Ermittlungen behindern, Strafverfolgung vermeiden und ihre illegalen Aktivitäten ungestraft fortsetzen.

Zusammenfassung

Der Einfluss der Mafia auf Politik und Wirtschaft war weit-
reichend und tiefgreifend. Durch Korruption, Erpressung und
Gewalt gelang es der Mafia, ihr Netzwerk in verschiedenen
Bereichen der Gesellschaft zu etablieren und ihre Interessen zu
fördern. Dieser Einfluss hat oft negative Auswirkungen auf die
Demokratie, den Wettbewerb und die wirtschaftliche Entwicklung gehabt und zeigt die dunkle Seite des organisierten Verbrechens.

Die Struktur der Mafia: Hierarchie, Codes und Regeln

Die Mafia ist berüchtigt für ihre streng hierarchische Struktur, die von festen Codes und Regeln geprägt ist. Diese Struktur ermöglicht es der Mafia, effektiv zu operieren und ihre Interessen zu schützen, während sie gleichzeitig Disziplin und Loyalität innerhalb ihrer Reihen aufrechterhält.

Hierarchie der Mafia

Die Mafia ist in der Regel nach einem pyramidenartigen Hierarchiesystem organisiert, das von einem Oberhaupt, dem sogenannten ›Capo di tutti capi‹ (Boss aller Bosse), geleitet wird. Unter dem Boss stehen verschiedene Unterbosse, Capos und Soldaten, die jeweils bestimmte Gebiete oder Aktivitäten kontrollieren.

Codes und Regeln

Die Mafia ist stark von einer Reihe von Codes und Regeln geprägt, die als ›Omertà‹ bekannt sind. Omertà bedeutet Schweigen und ist ein grundlegendes Prinzip, das von allen Mitgliedern der Mafia befolgt werden muss. Das Brechen von Omertà wird oft mit dem Tod bestraft, und die Mitglieder der Mafia sind dazu verpflichtet, sich gegenseitig zu schützen und zu verteidigen.

Ehre und Loyalität

Ehre und Loyalität sind ebenfalls wichtige Werte in der Welt der Mafia. Mitglieder werden erwartet, ihren Vorgesetzten und der Organisation treu zu sein und bereit zu sein, für ihre Interessen zu kämpfen. Verrat wird mit dem Verlust von Ehre und oft mit dem Tod bestraft.

Respekt und Autorität

Respekt für Autorität und die älteren Mitglieder der Mafia ist ein weiterer zentraler Wert. Jüngere Mitglieder müssen den älteren Respekt zollen und ihre Anweisungen befolgen, während die älteren Mitglieder die Verantwortung für den Schutz und die Ausbildung der jüngeren übernehmen.

Strafen und Disziplin

Die Mafia ist dafür bekannt, streng gegen Mitglieder vorzugehen, die gegen ihre Codes und Regeln verstoßen. Strafen reichen von Geldstrafen bis hin zu körperlichen Misshandlungen und Mord. Diese harten Strafen dienen dazu, Disziplin innerhalb der Organisation aufrechtzuerhalten und sicherzustellen, dass Mitglieder ihre Pflichten ernst nehmen.

Zusammenfassung

Die Struktur der Mafia ist geprägt von Hierarchie, Codes und Regeln, die dazu dienen, die Organisation zu stärken und ihre Interessen zu schützen. Diese Struktur ermöglicht es der Mafia, effektiv zu operieren und ihre Macht auszubauen, während sie gleichzeitig Disziplin und Loyalität innerhalb ihrer Reihen aufrechterhält.

Die Rolle der Frauen in der Mafia

Die Mafia ist traditionell eine männerdominierte Organisation, die von Männern geführt und kontrolliert wird. Dennoch haben Frauen seit jeher eine wichtige, wenn auch oft im Verborgenen liegende, Rolle in der Welt der Mafia gespielt. Ihre Beteiligung reicht von unterstützenden Aktivitäten bis hin zu direkter Teilnahme an kriminellen Operationen.

Unterstützende Rolle im Hintergrund

In der traditionellen Mafia-Kultur waren Frauen oft für die Versorgung der Familie und die Aufrechterhaltung des Familienlebens verantwortlich. Sie kümmerten sich um die Kinder, den Haushalt und sorgten dafür, dass die Bedürfnisse der männlichen Mitglieder der Familie erfüllt wurden. Diese unterstützende Rolle im Hintergrund war entscheidend für das Funktionieren der Mafia-Familien.

Finanzielle Unterstützung und Geldwäsche

Frauen spielten auch eine wichtige Rolle bei der finanziellen Unterstützung der Mafia. Sie waren oft in die Verwaltung von Geldern und Eigentum involviert und halfen bei der Geldwäsche und Verwaltung von illegalen Einnahmen. Durch ihre Tätigkeit im Finanzwesen konnten sie die finanzielle Stabilität der Mafia-Familien sichern und den Fortbestand der Organisation gewährleisten.

Informationsbeschaffung und Spionage

Einige Frauen haben sich auch direkt an kriminellen Aktivitäten beteiligt, indem sie Informationen beschafften oder als Spione für die Mafia arbeiteten. Sie konnten aufgrund ihres Zugangs zu verschiedenen sozialen Kreisen und ihrer Fähigkeit, unauffällig zu agieren, wertvolle Informationen sammeln und an die Organisation weitergeben.

Aktive Beteiligung an kriminellen Operationen

Obwohl die aktive Beteiligung von Frauen an kriminellen Operationen seltener war, gab es doch einige Fälle, in denen Frauen eine direkte Rolle bei der Ausführung von Verbrechen spielten. Dies reichte von der Beteiligung an Schutzgelderpressungen und Erpressungen bis hin zu Mord und Entführung.

Führungspositionen und Aufstieg in der Hierarchie

Obwohl Frauen in der traditionellen Mafia-Kultur oft als unterstützende Mitglieder betrachtet wurden, gab es doch einige Ausnahmen, in denen Frauen Führungspositionen innerhalb der Organisation einnahmen und Einfluss ausübten. Diese Frauen waren oft besonders einflussreich und respektiert und konnten eine wichtige Rolle bei der Leitung und Kontrolle der Mafia-Familien spielen.

Zusammenfassung

Die Rolle der Frauen in der Mafia war vielfältig und komplex. Obwohl sie oft im Schatten der männlichen Mitglieder standen, spielten sie eine wichtige Rolle bei der Unterstützung der Organisation und ihrer Aktivitäten. Ihre Beteiligung reichte von unterstützenden Aufgaben im Hintergrund bis hin zu direkter Teilnahme an kriminellen Operationen. Trotz der traditionellen Männerdominanz gab es auch Frauen, die Führungspositionen einnahmen und einen erheblichen Einfluss auf die Mafia ausübten.

Der Kinofilm ›Der Pate‹ und sein Einfluss

Seit seiner Veröffentlichung im Jahr 1972 hat der Film ›Der Pate‹ einen enormen Einfluss auf die Darstellung der Mafia in der Populärkultur ausgeübt. Von seiner packenden Handlung über seine ikonischen Charaktere bis hin zu seinen tiefgreifenden Themen hat der Film Generationen von Zuschauern fasziniert und die Wahrnehmung der Mafia geprägt.

Die Mythologisierung der Mafia

›Der Pate‹ hat dazu beigetragen, die Mafia zu einer Art Mythos zu machen, der oft romantisiert und idealisiert wird. Durch die Darstellung der Mafia als eine Art von Ehrenkodex geleitete Bruderschaft hat der Film dazu beigetragen, das Bild von Mafiosi als modernen Rittern zu formen, die nach einem eigenen moralischen Kodex leben.

Ikonische Charaktere und Zitate

Die Charaktere von ›Der Pate‹, angeführt von Don Vito Corleone, sind zu Ikonen der Populärkultur geworden. Ihre tiefgründigen Dialoge und unvergesslichen Zitate haben sich fest in das kollektive Gedächtnis eingegraben und haben die Art und Weise beeinflusst, wie die Mafia in Filmen, Fernsehsendungen und Literatur dargestellt wird.

Die Verklärung von Gewalt und Macht

Trotz seiner düsteren Darstellung von Gewalt und Korruption hat ›Der Pate‹ oft die Verklärung von Gewalt und Macht in der Mafia dargestellt. Die Charaktere werden oft als tragische Helden porträtiert, die gezwungen sind, in einer Welt des Verbrechens und der Gewalt zu überleben, und die bereit sind, alles zu opfern, um ihre Familie und ihre Ehre zu schützen.

Einfluss auf die Popkultur

›Der Pate‹ hat einen enormen Einfluss auf die Popkultur ausgeübt und zahlreiche Nachahmer und Parodien inspiriert. Von Fernsehsendungen wie ›Die Sopranos‹ bis hin zu Videospielen wie ›Grand Theft Auto‹ hat der Film die Art und Weise beeinflusst, wie die Mafia in den Medien dargestellt wird, und hat das Bild von Mafiosi als kultivierte Gangster geprägt.

Kritik und Kontroversen

Trotz seines kulturellen Einflusses hat ›Der Pate‹ auch Kritik und Kontroversen hervorgerufen. Einige Kritiker werfen dem Film vor, die Mafia zu glorifizieren und zu romantisieren, während andere argumentieren, dass er die Realität des organisierten Verbrechens verzerrt und verharmlost.

Zusammenfassung

Insgesamt hat ›Der Pate‹ einen tiefgreifenden und dauerhaften Einfluss auf die Darstellung der Mafia in der Populärkultur ausgeübt. Durch seine packende Handlung, seine ikonischen Charaktere und seine tiefgründigen Themen hat der Film die Art und Weise beeinflusst, wie die Mafia in den Medien und der Gesellschaft wahrgenommen wird, und hat einen bleibenden Eindruck hinterlassen, der noch lange nachwirken wird.

Mafia in Hollywood: Der Einfluss von Filmen auf das Mafiabild

Hollywood hat einen maßgeblichen Einfluss darauf gehabt, wie die Mafia in der Popkultur dargestellt wird. Durch eine Vielzahl von Filmen hat die Filmindustrie das Bild von Mafiosi geformt und geprägt, und viele Stereotypen und Klischees über die Mafia haben ihren Ursprung in Hollywood-Produktionen.

Die Geburt des Mafiafilms

Die Darstellung der Mafia in Hollywood begann in den frühen Jahren des Films, als Filme wie ›The Black Hand‹ (1906) und ›The Godfather's Story‹ (1917) erste Versuche unternahmen, das Phänomen des organisierten Verbrechens auf die Leinwand zu bringen. Diese frühen Filme prägten bereits einige der archetypischen Elemente des Mafiafilms, darunter Gewalt, Verrat und Ehre.

Der Aufstieg des Gangsterfilms

In den 1930er Jahren erlebte der Gangsterfilm einen Boom, und Filme wie ›Little Caesar‹ (1931) und ›Public Enemy‹ (1931) schufen das Bild des charismatischen und ruchlosen Gangsters, der durch Gewalt und List an die Macht kommt. Diese Filme trugen wesentlich dazu bei, das Mafiabild in der öffentlichen Vorstellung zu formen und zu prägen.

Die Ära des ›Paten‹

Die Veröffentlichung von ›Der Pate‹ im Jahr 1972 markierte einen Wendepunkt in der Darstellung der Mafia in Hollywood. Der Film, der von Francis Ford Coppola inszeniert wurde und auf dem gleichnamigen Roman von Mario Puzo basiert, prägte nicht nur das Genre des Mafiafilms, sondern auch das Bild von Mafiosi als kultivierte und machtbewusste Gangster.

Die Sopranos und das goldene Zeitalter des Fernsehens

In den 2000er Jahren trug die Fernsehserie ›Die Sopranos‹ weiter dazu bei, das Mafiabild in Hollywood zu prägen. Die Serie, die von David Chase kreiert wurde, zeigte eine realistischere und nuanciertere Darstellung der Mafia und ihrer Mitglieder und wurde zu einem der einflussreichsten und beliebtesten Fernsehserien ihrer Zeit.

Kontroverse und Kritik

Trotz ihres kulturellen Einflusses haben Filme und Fernsehserien über die Mafia auch Kritik und Kontroversen hervorgerufen. Einige Kritiker werfen Hollywood vor, die Mafia zu glorifizieren und zu romantisieren, während andere argumentieren, dass die Darstellung der Mafia oft Stereotypen und Vorurteile verstärkt und zur Verharmlosung des organisierten Verbrechens beiträgt.

Zusammenfassung

Insgesamt hat Hollywood einen erheblichen Einfluss darauf gehabt, wie die Mafia in der Popkultur dargestellt wird. Durch eine Vielzahl von Filmen und Fernsehserien hat die Filmindustrie das Bild von Mafiosi geformt und geprägt und viele der Stereotypen und Klischees über die Mafia in der öffentlichen Vorstellung verankert. Trotz ihrer Kontroversen und Kritik bleibt die Darstellung der Mafia in Hollywood ein faszinierendes und oft kontroverses Thema, das weiterhin die Fantasie der Zuschauer auf der ganzen Welt fesselt.

Der Niedergang: Rückschläge und Verfolgung in den 1980er und 1990er Jahren

Die 1980er und 1990er Jahre markierten eine Zeit des Niedergangs für die Mafia, geprägt von Rückschlägen, Verhaftungen und verstärkten Bemühungen der Strafverfolgungsbehörden, das organisierte Verbrechen zu bekämpfen. Während die Mafia in Hollywood glorifiziert wurde, sah die Realität in den Straßen eine andere Geschichte, die von Verfolgung, Verrat und internen Machtkämpfen gezeichnet war.

Verfolgung durch Strafverfolgungsbehörden

In den 1980er und 1990er Jahren intensivierten Strafverfolgungsbehörden auf der ganzen Welt ihre Bemühungen, gegen die Mafia vorzugehen. Durch verstärkte Ermittlungen, Überwachung und Zusammenarbeit zwischen verschiedenen Behörden gelang es, zahlreiche hochrangige Mafiosi zu verhaften und vor Gericht zu stellen.

Rückschläge und interne Machtkämpfe

Der Niedergang der Mafia wurde auch durch interne Machtkämpfe und Rückschläge innerhalb der Organisation beschleunigt. Der Verlust einflussreicher Führungsfiguren durch Verhaftungen oder Tod führte oft zu Machtkämpfen und Schwächung der Organisation.

Zeugenaussagen und Kronzeugen

Ein weiterer Faktor, der zum Niedergang der Mafia beitrug, war die zunehmende Bereitschaft von Mitgliedern, vor Gericht auszusagen und als Kronzeugen gegen ihre ehemaligen Komplizen auszusagen. Durch Zeugenaussagen konnten Strafverfolgungsbehörden wichtige Informationen über die internen Abläufe und Strukturen der Mafia erhalten und so effektiver gegen sie vorgehen.

Gesetzliche Maßnahmen und RICO-Akte

Die Einführung gesetzlicher Maßnahmen wie dem Racketeer Influenced and Corrupt Organizations Act (RICO) in den USA stellte ein weiteres Hindernis für die Mafia dar. Durch diese Gesetze konnten Strafverfolgungsbehörden Mitglieder der Mafia wegen Beteiligung an kriminellen Organisationen strafrechtlich verfolgen und ihre Vermögenswerte beschlagnahmen.

Niedergang der traditionellen Strukturen

Infolge der intensiven Verfolgung und der zunehmenden Bereitschaft von Mitgliedern, auszusagen, begannen die traditionellen Strukturen der Mafia zu erodieren. Die Organisationen wurden geschwächt und fragmentiert, und neue Gruppen und

Organisationen drängten auf den Markt für organisiertes Verbrechen.

Zusammenfassung

Die 1980er und 1990er Jahre waren eine Zeit des Niedergangs für die Mafia, geprägt von Rückschlägen, Verfolgung und internen Machtkämpfen. Trotz ihres Widerstands und ihrer Anpassungsfähigkeit konnten die traditionellen Strukturen der Mafia den verstärkten Bemühungen der Strafverfolgungsbehörden nicht standhalten, und die Organisationen wurden zunehmend geschwächt und fragmentiert.

Neue Generationen: Die Mafia im 21. Jahrhundert

Das 21. Jahrhundert hat eine neue Ära für die Mafia eingeleitet, geprägt von sich wandelnden Dynamiken, technologischem Fortschritt und einer globalisierten Weltwirtschaft. Während die traditionellen Strukturen der Mafia weiterhin bestehen, haben neue Generationen von Mafiosi sich neuen Herausforderungen und Möglichkeiten angepasst.

Globalisierung und Internationalisierung

Eine der markantesten Veränderungen für die Mafia im 21. Jahrhundert ist die Globalisierung und Internationalisierung ihrer Aktivitäten. Die Mafia hat sich über ihre traditionellen Grenzen hinaus ausgebreitet und ist in transnationale Verbrechensnetzwerke verwickelt, die verschiedene Länder und Kontinente umspannen.

Diversifizierung der Geschäftsfelder

Mit dem Eintritt ins 21. Jahrhundert hat die Mafia begonnen, ihre Geschäftsfelder zu diversifizieren und in neue Branchen vorzudringen. Neben den traditionellen Bereichen wie Drogenhandel, Erpressung und Glücksspiel sind Mafiosi jetzt auch in Bereichen wie Cyberkriminalität, Menschenhandel und Umweltverbrechen aktiv.

Nutzung neuer Technologien

Die Mafia hat die Möglichkeiten neuer Technologien genutzt, um ihre Aktivitäten zu rationalisieren und zu erweitern. Das Internet und die digitalen Medien haben es der Mafia ermöglicht, ihre Operationen effizienter zu koordinieren, Geldwäsche zu betreiben und neue Märkte zu erschließen.

Anpassungsfähigkeit und Flexibilität

Eine der bemerkenswertesten Eigenschaften der Mafia im 21. Jahrhundert ist ihre Anpassungsfähigkeit und Flexibilität. Trotz verstärkter Bemühungen der Strafverfolgungsbehörden und der Zersplitterung traditioneller Strukturen haben sich Mafiosi neuen Herausforderungen gestellt und innovative Wege gefunden, um weiterhin in der Welt des organisierten Verbrechens zu florieren.

Bekämpfung durch Strafverfolgungsbehörden

Trotz ihrer Anpassungsfähigkeit und Flexibilität steht die Mafia weiterhin unter Druck von Strafverfolgungsbehörden auf der ganzen Welt. Durch verstärkte Zusammenarbeit zwischen verschiedenen Behörden und den Einsatz modernster Technologien haben Strafverfolgungsbehörden bedeutende Erfolge erzielt und hochrangige Mafiosi verhaftet und vor Gericht gestellt.

Zukunftsaussichten

Die Zukunft der Mafia im 21. Jahrhundert bleibt ungewiss, aber eines ist sicher: Die Mafia wird sich weiterentwickeln und anpassen, um den sich verändernden Herausforderungen und Möglichkeiten in einer globalisierten Weltwirtschaft gerecht zu werden. Trotz verstärkter Bemühungen der Strafverfolgungsbehörden und zunehmender öffentlicher Aufmerksamkeit bleibt die Mafia eine mächtige und einflussreiche Kraft, die die Welt des organisierten Verbrechens prägt.

Globalisierung und Mafia: Internationale Verbindungen und Aktivitäten

Die Globalisierung hat nicht nur legale Wirtschaftsaktivitäten, sondern auch das organisierte Verbrechen in eine neue Ära katapultiert. Die Mafia hat ihre traditionellen Grenzen überschritten und ist zu einer internationalen Macht geworden, die in einem globalisierten Wirtschaftsumfeld operiert und von grenzüberschreitenden Verbindungen profitiert.

Entstehung transnationaler Verbrechensnetzwerke

Die Globalisierung hat die Entstehung transnationaler Verbrechensnetzwerke begünstigt, die verschiedene Länder und Regionen umspannen. Diese Netzwerke ermöglichen es der Mafia, ihre Aktivitäten über nationale Grenzen hinweg zu koordinieren und zu erweitern, und bieten eine Plattform für den Austausch von Ressourcen, Informationen und Fachwissen.

Internationale Drogenhandel und Schmuggel

Der internationale Drogenhandel ist eine der profitabelsten Aktivitäten der Mafia im globalen Maßstab. Mafiosi sind in der Produktion, dem Schmuggel und dem Vertrieb von Drogen wie Kokain, Heroin und Methamphetaminen aktiv und nutzen ein weit verzweigtes Netzwerk von Händlern, Schmugglern und Korruption, um ihre Ware auf den globalen Markt zu bringen.

Geldwäsche und Finanzkriminalität

Die Mafia ist auch in großem Umfang an Geldwäsche und Finanzkriminalität beteiligt, wobei sie komplexe Netzwerke von Offshore-Firmen, Bankkonten und Finanzinstitutionen nutzt, um illegale Einnahmen zu waschen und in den legalen Wirtschaftskreislauf zu bringen. Diese Aktivitäten haben die Fähigkeit der Mafia zur Infiltration und Korruption von Regierungen und Unternehmen auf der ganzen Welt verstärkt.

Menschenhandel und Zwangsprostitution

Ein weiteres profitables Geschäftsfeld für die Mafia im globalen Maßstab ist der Menschenhandel und die Zwangsprostitution. Mafiosi sind in der Rekrutierung, dem Transport und dem Verkauf von Menschen für sexuelle Ausbeutung, Zwangsarbeit und andere Formen der Sklaverei aktiv und nutzen oft Gewalt, Einschüchterung und Erpressung, um ihre Opfer gefügig zu machen.

Bekämpfung durch internationale Zusammenarbeit

Die Bekämpfung der Mafia im globalen Maßstab erfordert eine verstärkte internationale Zusammenarbeit zwischen verschiedenen Regierungen und Strafverfolgungsbehörden. Durch den Austausch von Informationen, die Koordinierung von Ermittlungen und die gemeinsame Durchführung von Operationen können Strafverfolgungsbehörden die Aktivitäten der Mafia effektiver bekämpfen und ihre internationalen Verbindungen zerschlagen.

Zusammenfassung

Die Globalisierung hat die Mafia zu einer internationalen Macht gemacht, die in einem globalisierten Wirtschaftsumfeld operiert und von grenzüberschreitenden Verbindungen profitiert. Durch ihre Beteiligung an Aktivitäten wie internationalem Drogenhandel, Geldwäsche und Menschenhandel hat die Mafia ihren Einfluss auf die Weltbühne ausgeweitet und bleibt eine der größten Herausforderungen für die internationale Gemeinschaft im Kampf gegen das organisierte Verbrechen.

Cyberkriminalität: Die moderne Mafia im digitalen Zeitalter

Mit dem Einzug des digitalen Zeitalters hat sich auch die Mafia weiterentwickelt und ihre Aktivitäten ins Internet verlagert. Cyberkriminalität ist zu einem lukrativen Geschäftsfeld für die Mafia geworden, das neue Möglichkeiten zur Gewinnerzielung und zur Ausweitung ihrer Einflusssphäre bietet.

Entstehung und Entwicklung der Cybermafia

Die Cybermafia ist das Ergebnis der Anpassungsfähigkeit und Innovationskraft der Mafia im digitalen Zeitalter. Sie hat ihre Wurzeln in den frühen Tagen des Internets, als die Mafia begann, das Potenzial des World Wide Web für ihre eigenen Zwecke zu erkennen. Seitdem hat sich die Cybermafia ständig weiterentwickelt und ist zu einer globalen Bedrohung für die digitale Sicherheit geworden.

Aktivitäten und Geschäftsfelder

Die Cybermafia ist in einer Vielzahl von Aktivitäten und Geschäftsfeldern tätig, die von Online-Betrug und Identitätsdiebstahl bis hin zu Hacking-Angriffen und Ransomware-Attacken reichen. Sie nutzt fortschrittliche Techniken und Tools, um ihre Opfer auszuspionieren, zu infiltrieren und zu erpressen, und erzielt dabei immense Gewinne auf Kosten der digitalen Sicherheit und des Datenschutzes.

Methoden und Techniken

Die Cybermafia setzt eine Vielzahl von Methoden und Techniken ein, um ihre Ziele zu erreichen und ihre Aktivitäten zu verschleiern. Dazu gehören Phishing-E-Mails, Malware-Infektionen, Social Engineering, Distributed Denial of Service (DDoS)-Angriffe und vieles mehr. Durch den Einsatz von Verschlüsselung, Anonymisierungsdiensten und Darknet-Märkten gelingt es der Cybermafia oft, unerkannt zu bleiben und ihre Spuren zu verwischen.

Auswirkungen auf die Gesellschaft

Die Aktivitäten der Cybermafia haben weitreichende Auswirkungen auf die Gesellschaft, die Wirtschaft und die nationale Sicherheit. Sie gefährden die Privatsphäre und die finanzielle Sicherheit von Einzelpersonen und Unternehmen, untergraben das Vertrauen in digitale Systeme und Infrastrukturen und stellen eine ernsthafte Bedrohung für die nationale und internationale Sicherheit dar.

Bekämpfung und Gegenmaßnahmen

Die Bekämpfung der Cybermafia erfordert eine koordinierte und umfassende Strategie, die auf präventiven Maßnahmen, Ermittlungen, Rechtsdurchsetzung und internationaler Zusammenarbeit basiert. Durch die Stärkung der digitalen Sicherheit, die Aufklärung der Öffentlichkeit und die Verfolgung von Tätern können Strafverfolgungsbehörden und Regierungen dazu beitragen, die Aktivitäten der Cybermafia einzudämmen und die Sicherheit im digitalen Raum zu gewährleisten.

Zukunftsaussichten

Die Cybermafia wird auch in Zukunft eine ernsthafte Bedrohung für die digitale Sicherheit und den Datenschutz bleiben. Mit der zunehmenden Vernetzung und Digitalisierung der Welt werden die Möglichkeiten für Cyberkriminalität weiter zunehmen, und die Mafia wird sich weiterentwickeln und anpassen, um diese Möglichkeiten auszunutzen. Es ist daher von entscheidender Bedeutung, dass Regierungen, Unternehmen und die Öffentlichkeit wachsam bleiben und proaktiv handeln, um sich gegen die Bedrohung durch die Cybermafia zu verteidigen.

Bekämpfung der Mafia: Polizeiliche und rechtliche Maßnahmen

Die Bekämpfung der Mafia ist eine komplexe Herausforderung, die ein koordiniertes Vorgehen von Strafverfolgungsbehörden, Regierungen und der Zivilgesellschaft erfordert. Polizeiliche und rechtliche Maßnahmen spielen dabei eine zentrale Rolle und sind entscheidend für den Erfolg im Kampf gegen das organisierte Verbrechen.

Polizeiliche Ermittlungen und Operationen

Polizeiliche Ermittlungen sind ein wesentlicher Bestandteil der Bekämpfung der Mafia. Durch die Sammlung von Beweisen, die Überwachung von Verdächtigen und die Zusammenarbeit mit informierten Informanten können Strafverfolgungsbehörden Erkenntnisse über die Aktivitäten der Mafia gewinnen und Straftäter identifizieren. Groß angelegte polizeiliche Operationen wie Razzien, Verhaftungen und Durchsuchungen können dazu beitragen, die Machtstrukturen der Mafia zu destabilisieren und ihre kriminellen Operationen zu stören.

Internationale Zusammenarbeit

Die Bekämpfung der Mafia erfordert eine verstärkte internationale Zusammenarbeit zwischen verschiedenen Regierungen und Strafverfolgungsbehörden. Durch den Austausch von Informationen, die Koordinierung von Ermittlungen und die gemeinsame Durchführung von Operationen können Strafverfolgungsbehörden die Aktivitäten der Mafia effektiver bekämpfen und ihre internationalen Verbindungen zerschlagen. Internationale Abkommen und Organisationen wie Interpol und Europol spielen dabei eine wichtige Rolle bei der Förderung der Zusammenarbeit und der Koordination von Maßnahmen im Kampf gegen das organisierte Verbrechen.

Gesetzgebung und rechtliche Instrumente

Die Bekämpfung der Mafia erfordert auch die Entwicklung und Anwendung wirksamer rechtlicher Instrumente und Gesetze. Durch die Verabschiedung von Anti-Mafia-Gesetzen, die Stärkung der Strafverfolgung und die Verbesserung der rechtlichen Rahmenbedingungen können Regierungen die Handlungsfähigkeit der Strafverfolgungsbehörden stärken und den Druck auf die Mafia erhöhen. Beschlagnahmung von Vermögenswerten, Einrichtung von Sondergerichten und Zeugenschutzprogramme sind nur einige Beispiele für rechtliche Instrumente, die im Kampf gegen das organisierte Verbrechen eingesetzt werden können.

Öffentlichkeitsarbeit und Prävention

Öffentlichkeitsarbeit und Prävention spielen eine wichtige Rolle bei der Bekämpfung der Mafia. Durch die Sensibilisierung der Öffentlichkeit für die Gefahren des organisierten Verbrechens, die Aufklärung über die Methoden und Aktivitäten der Mafia und die Förderung von Werten wie Rechtsstaatlichkeit und Ethik können Regierungen und Nichtregierungsorganisationen dazu beitragen, die Unterstützung für die Mafia zu verringern und die Resilienz der Gesellschaft gegenüber kriminellen Einflüssen zu stärken.

Zusammenfassung

Die Bekämpfung der Mafia erfordert ein koordiniertes und umfassendes Vorgehen, das polizeiliche, rechtliche, internationale und präventive Maßnahmen umfasst. Durch die Stärkung der Strafverfolgung, die Verbesserung der rechtlichen Rahmenbedingungen, die Förderung der internationalen Zusammenarbeit und die Sensibilisierung der Öffentlichkeit können Regierungen und Strafverfolgungsbehörden dazu beitragen, die Macht der Mafia einzudämmen und die Sicherheit und den Rechtsstaat zu stärken.

Mafia und Gesellschaft: Wie Strukturen Kriminalität begünstigen können

Die Beziehung zwischen der Mafia und der Gesellschaft ist komplex und vielschichtig. In vielen Fällen können gesellschaftliche Strukturen und Umstände dazu beitragen, die Entstehung und das Fortbestehen von kriminellen Organisationen wie der Mafia zu begünstigen.

Sozioökonomische Benachteiligung

Eine der Hauptursachen für die Entstehung und Verbreitung der Mafia ist die sozioökonomische Benachteiligung bestimmter Bevölkerungsgruppen. In Regionen mit hoher Arbeitslosigkeit, geringen Bildungschancen und schlechten Lebensbedingungen finden viele Menschen keinen legalen Weg, ihren Lebensunterhalt zu verdienen. Die Mafia bietet diesen Menschen oft eine scheinbar attraktive Alternative, indem sie Arbeitsplätze, Schutz und soziale Sicherheit verspricht.

Schwache staatliche Institutionen

Schwache staatliche Institutionen und mangelnde Rechtsdurchsetzung sind ein weiterer Faktor, der die Ausbreitung der Mafia begünstigen kann. In Regionen, in denen Korruption, Nepotismus und ineffektive Regierungsführung herrschen, haben kriminelle Organisationen wie die Mafia oft freie Hand, um ihre Aktivitäten zu entfalten und ihre Macht zu festigen. Die Unfähigkeit oder Unwilligkeit der Regierung, gegen das organisierte Verbrechen vorzugehen, trägt dazu bei, dass die Mafia in diesen Regionen fest verankert bleibt.

Kulturelle Faktoren und Traditionen

Kulturelle Faktoren und Traditionen können ebenfalls dazu beitragen, die Akzeptanz und Unterstützung der Mafia in der Gesellschaft zu fördern. In einigen Regionen wird die Mafia als eine Art moderner Robin Hood angesehen, der den Armen hilft und sich gegen die korrupte und ungerechte staatliche Autorität stellt. Diese romantisierte Vorstellung von der Mafia als Hüter der Gemeinschaft kann dazu führen, dass Menschen bereit sind, mit den kriminellen Aktivitäten der Mafia zu sympathisieren oder diese zu unterstützen.

Fehlende Alternativen und Perspektiven

Für viele Menschen, insbesondere für Jugendliche aus benachteiligten Verhältnissen, bieten kriminelle Organisationen wie die Mafia oft die einzige Möglichkeit, ein Leben jenseits von Armut und Hoffnungslosigkeit zu führen. Die fehlenden Alternativen und Perspektiven in solchen Gemeinschaften können dazu führen, dass junge Menschen in die Fänge der Mafia geraten und sich ihr anschließen, um finanzielle Sicherheit und sozialen Aufstieg zu erlangen.

Widerstand und Gegenmaßnahmen

Trotz dieser Herausforderungen gibt es in der Gesellschaft auch Widerstand gegen die Mafia und ihre kriminellen Machenschaften. Zivilgesellschaftliche Organisationen, Aktivisten, Journalisten und mutige Bürger setzen sich für die Bekämpfung der Mafia ein, indem sie aufklären, informieren, auf Missstände hinweisen und die öffentliche Meinung mobilisieren. Durch den Einsatz von Rechtsstaatlichkeit, Transparenz und demokratischen Prinzipien können Gemeinschaften und Regierungen dazu beitragen, die Macht der Mafia einzudämmen und eine gerechtere und sicherere Gesellschaft aufzubauen.

Zukunftsaussichten: Die Entwicklung der Mafia und ihre möglichen Entwicklungen

Die Zukunft der Mafia ist geprägt von einer ständigen Anpassung an neue technologische, gesellschaftliche und wirtschaftliche Entwicklungen. Während einige glauben, dass die Ära der traditionellen Mafiaorganisationen ihrem Ende entgegengeht, sehen andere eine Evolution hin zu neuen Formen des organisierten Verbrechens.

Digitalisierung und Cyberkriminalität

Mit dem Fortschritt der Technologie wird die Mafia voraussichtlich verstärkt auf Cyberkriminalität setzen. Das Internet bietet neue Möglichkeiten für Betrug, Identitätsdiebstahl, Erpressung und andere kriminelle Aktivitäten, die von der Mafia genutzt werden könnten. Die Fähigkeit, sich anonym im Darknet zu bewegen und digitale Währungen für illegale Transaktionen zu nutzen, macht die Bekämpfung der Cybermafia zu einer großen Herausforderung für Strafverfolgungsbehörden weltweit.

Globalisierung und internationale Verbindungen

Die Globalisierung hat die Grenzen für die Mafia geöffnet und internationale Verbindungen und Aktivitäten erleichtert. Die Mafia wird voraussichtlich verstärkt in den globalen Drogenhandel, den Menschenhandel, die Geldwäsche und andere transnationale Verbrechensfelder expandieren. Internationale Zusammenarbeit und Koordination werden daher entscheidend sein, um die Aktivitäten der Mafia einzudämmen und ihre globalen Netzwerke zu zerschlagen.

Diversifizierung der Geschäftsfelder

Um sich an veränderte Marktbedingungen anzupassen, wird die Mafia voraussichtlich ihre Geschäftsfelder diversifizieren und in neue Branchen expandieren. Dies könnte die Infiltration legaler Wirtschaftszweige wie Immobilien, Bauwesen, Tourismus und Unterhaltungsindustrie umfassen. Durch die Verschmelzung von legalen und illegalen Geschäften könnte die Mafia ihre Profite maximieren und ihre Machtbasis weiter ausbauen.

Bekämpfung und Gegenmaßnahmen

Die Bekämpfung der Mafia erfordert eine kontinuierliche Anstrengung von Regierungen, Strafverfolgungsbehörden und der Zivilgesellschaft. Die Stärkung der Rechtsstaatlichkeit, die Verbesserung der Strafverfolgung, die Sensibilisierung der Öffentlichkeit und die Förderung von Werten wie Transparenz und Integrität sind entscheidend, um der Mafia die Grundlage für ihre Aktivitäten zu entziehen. Nur durch eine koordinierte und umfassende Strategie können die Herausforderungen, die die Mafia in Zukunft darstellt, erfolgreich bewältigt werden.

Unsicherheit und Risiken

Trotz aller Bemühungen bleibt die Zukunft der Mafia unsicher und mit Risiken behaftet. Neue Technologien, gesellschaftliche Veränderungen und geopolitische Entwicklungen können unvorhergesehene Auswirkungen auf die Aktivitäten der Mafia haben und neue Herausforderungen für die Bekämpfung des organisierten Verbrechens schaffen. Es ist daher von entscheidender Bedeutung, dass Regierungen und Strafverfolgungsbehörden wachsam bleiben und sich proaktiv den neuen Bedrohungen stellen, um die Sicherheit und den Rechtsstaat zu schützen.

Über den Autor

Lutz Spilker wurde im Jahre 1955 in Duisburg geboren.

Bevor er zum Schreiben von Romanen und Dokumentationen fand, verließen bisher unzählige Kurzgeschichten, Kolumnen und Versdichtungen seine Feder.

In seinen Büchern befasst er sich vorrangig mit dem menschlichen Bewusstsein und der damit verbundenen Wahrnehmung. Seine Grenzen sind nicht die, welche mit der Endlichkeit des Denkens, des Handelns und des Lebens begrenzt werden, sondern jene, die der empirischen Denkform noch nicht unterliegen.

Es sind die Möglichkeiten des Machbaren, die Dinge, welche sich allein in der Vorstellung eines jeden Menschen darstellen und aufgrund der Flüchtigkeit des Geistes unbewiesen bleiben. Die Erkenntnis besitzt ihre Gültigkeit lediglich bis zur Erlangung einer neuen und die passiert zu jeder weiteren Sekunde.

Die Welt von Lutz Spilker beginnt dort, wo zu Beginn allen Seins nichts Fassbares war, als leerer Raum. Kein Vorne, kein Hinten, kein Oben und kein Unten. Kein Glaube, kein Wissen, keine Moral, keine Gesetze und keine Grenzen. Nichts.

In Lutz Spilkers Romanen passieren heimtückische Morde ebenso wie die Zauber eines Märchens. Seine Bücher sind oftmals Thriller, Krimi, Abenteuer, Science Fiction, Fantasy und selbst Love-Story in einem.

»Ich liebe die Sprache: Sie vermag zu streicheln, zu liebkosen und zu Tränen zu rühren. Doch sie kann ebenso stachelig sein, wie der Dorn einer Rose und mit nur einem Hieb zerschmettern.«

In dieser Reihe sind bisher erschienen

Die Erfindung der Langeweile
Die Erfindung des Menschen
Die Erfindung des Geldes
Die Erfindung des Teufels
Die Erfindung des Erfolgs
Die Erfindung der Sterblichkeit
Die Erfindung der Lüge
Die Erfindung der Freiheit
Die Erfindung des Todes
Die Erfindung der Welt
Die Erfindung des Inselmenschen
Die Erfindung der Zeit
Die Erfindung der Seele
Die Erfindung der Politik
Die Erfindung des Gewissens
Die Erfindung der Religion
Die Erfindung der Schuld
Die Erfindung der Gerechtigkeit
Die Erfindung des Friedens
Die Erfindung des Selbstgesprächs
Die Erfindung der Zukunft
Die Erfindung der Pornographie
Die Erfindung der Verschwendung
Die Erfindung des Erwachsenseins
Die Erfindung der Hölle
Die Erfindung der Überbevölkerung
Die Erfindung des Himmels
Die Erfindung der Monarchie
Die Erfindung der Unterhaltung
Die Erfindung der Sprache

Die Erfindung der Musik
Die Erfindung der Wiedergeburt
Die Erfindung des Zufalls
Die Erfindung der Namen
Die Erfindung des Bewusstseins
Die Erfindung des freien Willens
Die Erfindung des Wahrsagens
Die Erfindung der Körpersprache
Die Erfindung des Schlafs
Die Erfindung der Sklaverei
Die Erfindung der Angst
Die Erfindung der Vernunft
Die Erfindung des Vollmonds
Die Erfindung des Vitamin B
Die Erfindung des Make-Up
Die Erfindung des Weihnachtsfestes
Die Erfindung des Ku-Klux-Klan
Die Erfindung des Träumens
Die Erfindung der Flaschenpost
Die Erfindung der Mafia
Die Erfindung der Freimaurer
Die Erfindung der Freibeuter
Die Erfindung der Raumfahrt
Die Erfindung der Tempelritter
Die Erfindung des ADHS-Syndroms
Die Erfindung der Homöopathie
Die Erfindung der Freizeitparks

FSC
www.fsc.org
MIX
Papier | Fördert
gute Waldnutzung
FSC® C083411

Zeitfracht Medien GmbH
Ferdinand-Jühlke-Straße 7
99095 Erfurt, Deutschland
produktsicherheit@kolibri360.de